Ein *Besen* für die Großmutter

Eine Geschichte mit Kaspar,
Großmutter und der Hexe

von
Horst Bartnitzky

*illustriert von
Angela Paysan*

Ernst Klett Schulbuchverlag
Stuttgart Düsseldorf Berlin Leipzig

🧑 tun die 🦶 weh

Einmal
besuchte 🤡 seine 🧑
Sie saß am 🪟
und hatte ihre 🦶
in eine 🥣 gestellt.
Da fragte 🤡 :
„Warum stehen deine 🦶
in einer 🥣 ?"
„Oh, meine 🦶 tun mir so weh!"
klagte die 🧑 .
„Ich bin heute so viel gelaufen,
zum SUPERMARKT 🛒 ,
zum 🥨 , zur 👒 .

Nun habe ich meine 🦶
in ein warmes Bad gestellt.
Das tut so gut!"
„Kauf dir doch ein 🚗!"
schlug 🤡 vor.
„Dann mußt du nicht mehr
so viel laufen,
und deine 🦶
tun nicht mehr weh."
„Ach 🤡",
sagte die 👩,
„ich habe nicht genug 💵
für ein 🚗.
Ich will auch
nicht mehr 🚗 fahren,

denn meine 👀 sehen
nicht mehr so gut,
und meine 👂👂 hören
nicht mehr so gut.
Da sollte man nicht mehr
🚗 fahren."

🤡 fragte:
„Du hast doch morgen Geburtstag.
Soll ich dir dann
meine alten 🛼 schenken?"
Da lachte 👦 :
„Aber 🤡 , hast du schon mal
eine 👦 gesehen,
die 🛼 fährt?

Dazu bin ich leider schon zu alt. Ich mache mir eben jeden Tag ein Bad für meine 🦶 . Dann wird es schon gehen."

🧙 besucht die 🐱

Am Nachmittag
ging 🧙 in den 🌳.
Unter einem großen 🌳
stand ein 🏠.
Hier wohnte die 🐱.
Es war also das 🏠.
🧙 klopfte an die 🚪.
Die 🐱 fragte:
„Wer ist denn da?"
„Hier ist der 🧙."
Da knurrte die 🐱:
„Der 🧙, so so.
Na, was will denn der von mir?"

Sie öffnete die 🚪 .

„Na, dann komm mal rein."

Als dann 🤡 und die 🐈
auf dem 🛋 saßen,
sagte 🤡 :
„Also, liebe 🐈 ,
du hast doch viele 🧹 ."

„Oho", rief die 🐈 ,
„das will ich meinen.
Ich habe mehr 🧹
als alle 🐈 🐈 ,
die ich kenne.
Ich habe einen 🧹
nur für Sonntag,
einen 🧹 nur für Montag,

einen 🧹 nur für Dienstag,
also – ich habe schon mal
für jeden Tag in der Woche
einen 🧹 .
Dann habe ich einen 🧹
für meinen Geburtstag,
einen 🧹 für Ostern
und einen besonders schönen 🧹
für Weihnachten."

Da fragte 🧙 :
„Hast du auch einen 🧹
für gar nichts Besonderes?
Einfach einen 🧹
für alles und immer?"

„Oh ja", sagte die 🐱,
„ 🧹 für alles und immer
habe ich jede Menge.
Drei 🗄️ voll
habe ich nur solche 🧹.
Komm mal mit,
dann zeige ich dir
meine 🧹."

Die 🐱 ging mit 🤡
die 🪜 hinauf
in den 1. Stock.
Dort öffnete sie eine 🚪,
und dahinter standen
viele, viele 🧹 🧹,

und alle waren voller 🧹,
und in jeder Ecke
standen 🧹.
„Na, was sagst du nun?"
fragte die 🐱.
🤡 staunte.

10

„So viele 🧹 habe ich noch nie gesehen. Und auf allen 🧹 kannst du fliegen?"
„Aber sicher", sagte die 🐱, fliegen kann ich auf jedem 🧹."
Da fragte 🧙 :
„Kannst du mir einen 🧹 von den vielen 🧹 abgeben?"
„Einen 🧹 willst du haben?" fragte die 🐱.
„Ja, einen 🧹 für meine 👧. Meine 👧 hat morgen Geburtstag.

11

Ich gebe dir auch alles 💵,
das ich in meinem 🐷 habe."
„Gut", sagte die 🐱.
„Du kannst einen 🧹
für deine 👩 haben.
Aber dein 💵 will ich nicht.
Du mußt mich nur ab und zu
in meinem 🏠 besuchen
kommen."

Das versprach 🤴,
und er bekam von der 🐱
einen besonders schönen 🧹,
einen 🧹 von der Sorte
für alles und immer.

🧑 hat Geburtstag

Am Tag darauf
hatte die 🧑 Geburtstag.
Sie hatte 🥧 gebacken
und ☕ gekocht.
Sie hatte für 🧙 Kakao gemacht,
sie hatte den 🪑 gedeckt
und mitten auf den 🪑
wunderschöne 💐 gestellt.
🧙 hatte den 🧹
gut eingepackt.
Nun stand er
mit dem großen 🎁
vor der 🚪 .

13

🧒 machte auf.

„Herzlichen Glückwunsch
zum Geburtstag!"
rief 🤡 .
„Dieses 🎁 ist für dich.
Du kannst gut gebrauchen,
was darin ist."
🧒 bekam große 👀 :

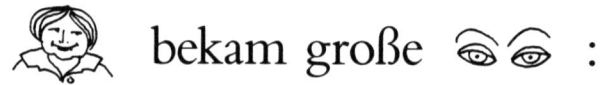

„So ein riesiges 📦 für mich?"
Dann packte sie es aus.
„Ein 🧹 ! Das ist ja ein 🧹 !"
rief 👧 .
„Das ist ein ganz
besonderer 🧹 ",
erklärte 🧙 .
„Ein 🧹 von der 🐈,
ein 🧹 nämlich.
Darauf kannst du fliegen,
wie es die 🐈 auch macht.
Du kannst zum SUPERMARKT fliegen
oder zur 🍄
oder zur 📮 ,
wohin du willst.

Dann tun dir nie mehr
die 🦶 weh."

„Ob ich das wohl kann?"
fragte die 👩 .
„Aber sicher", meinte 🤡 .
„Du mußt dich nur draufsetzen
und dann ... und dann ..."
Nun fing 🤡 an zu stottern.
„Ach je,
ich habe die 🐱 gar nicht gefragt,
was du machen mußt,
damit der 🧹 fliegt."

Die 🧙 kommt zu Besuch

Es klopfte an der 🚪.
„Da kommt Besuch!" rief 👩
und machte die 🚪 auf.
🤴 fielen fast
die 👀 aus dem 👤.
„Die 🧙!" rief er.
Richtig. Herein kam die 🧙,
und sie ritt auf ihrem 🧹
für Geburtstage.
In der einen 🤚
trug sie eine 🎂.

„Herzlichen Glückwunsch
zum Geburtstag!"
rief die 🐱.
„Der 🧙 hat mir erzählt,
daß du heute Geburtstag hast.
Und da wollte ich schnell
eine 🎂 bringen,
die ich selber gehext habe."
Die 👩 war so erstaunt,
daß sie sich einfach
in ihren 🪑 setzte
und nur sagen konnte:
„So eine schöne 🎂."
Da rief die 🐱:
„Da ist ja auch der 🧹,

den ich dem 🤡 gegeben habe.
Gefällt er dir?"
„Er gefällt mir sehr",
sagte 👦 .
„Ich weiß nur nicht,
wie man darauf fliegen kann."
„Du willst darauf fliegen?"
fragte die 🐈 .
„Ja, ich möchte schon.
Mir tun nämlich beim Laufen
immer meine 🦶 so weh."
Da rief die 🐈 :
„Ach, nun verstehe ich auch,
warum der 🤡 von mir
einen 🧹 haben wollte.

Nein, fliegen kannst du darauf nicht.
Das kann keine 🧑 auf der Welt.
Auf einem 🧹
kann nur eine 🐱 fliegen.
Aber du kannst mit
dem 🧹 prima fegen,
denn das ist ein sehr
stabiler 🧹."

Da sagte die 🧑 leise
und etwas traurig:
„Und ich hatte mich schon
so auf das Fliegen gefreut."

20

Die 🐱 dachte nach.

„Fliegen möchtest du, so so.
Wenn ich dich ab und zu
besuchen darf,
dann kannst du mit mir
auf meinem 🧹
durch die Luft fliegen.
Komm, steig auf,
wir versuchen es mal."

👦 stieg hinter die 🐱
auf den 🧹.
Die 🐱 rief:
„🧙, mach die 🚪 auf!
Und 👦, halt dich gut
an mir fest!"

Da fiel der 👩 ein:
„Ach je, wir brauchen ja noch
Sahne für meinen 🥧 !"
„Die werden wir jetzt holen!"
rief die 🐱.
Und hui – los ging es.
Der 🧹 sauste mit der 🐱
und mit 👩
einmal um den 🪑,
dann zur 🚪 hinaus,
zum 🏠 hinaus,
hoch in die Luft,
über das 🏠 ,
über die 🌳 ,
der 🧹 machte eine Runde

um das 🏠,
flog dann über den 🕰 davon,
weiter um das 🏢
und war zuletzt nur noch
als • zu sehen.

🤡 sperrte 👄 und 👃 auf,
dann setzte er sich erst mal
auf einen 🪑
und trank eine ☕ Kakao.

👩 aber flog
mit der 🐱 in die Stadt,
um Sahne für den 🍰 zu kaufen.
Sie war glücklich.
So schöne Geschenke hatte sie
selten bekommen:

Sie hatte nun einen besonders
stabilen 🧹 ,
sie hatte eine neue Freundin,
mit der sie sogar fliegen konnte,
und ihr würden nie mehr
die 🦶 weh tun.